BAND 387

Club
Taschenbuch

KLEINES QUIZ
Seiten 48 + 49

Die österreichische Kinderbibliothek

Pädagogische Arbeitsblätter zu diesem Titel downloadbar auf

www.obelisk-verlag.at

Christine Rettl

Lauf Hase, lauf!

Mit Bildern
von Franz Hoffmann

OBELISK VERLAG

Redaktion der Club-Taschenbuchreihe:
Inge Auböck

Umschlaggestaltung: Carola Holland

Neue Rechtschreibung

©2024 Taschenbuchausgabe by Obelisk-Verlag, Innsbruck – Wien

©2017 by Obelisk Verlag, Innsbruck – Wien

Druck und Bindung: Florjancic Tisk, Maribor, Slowenien

ISBN 978-3-99128-128-3

Drei kleine Hasenkinder

Drei kleine Hasenkinder
müssen sich verstecken,
denn der Fuchs,
der schlaue Schleicher,
darf sie nicht entdecken!

Drei kleine Hasenkinder
liegen still und zittern.
Rotpelz leckt sich
schon das Maul.
Wird er eines wittern?

Braunes Fellhaar, gut getarnt,
riechen nicht nach Hase.
Fuchs gib auf!
Hier nützt dir nicht
deine Schnuppernase.

Fell an Fell

In einer Erdmulde
unter einem Haselstrauch
liegen drei kleine Feldhasen-Kinder
in einem weichen Nest
aus Moos, Laub und Hasenwolle.
Drei Tage sind sie alt.
Sie haben ein weiches braunes Fell
und können schon sehen.

Im Nest ist es warm.
Die kleinen Hasenkinder
trinken und schlafen
und kuscheln Fell an Fell.

Hasenmutter, gib Acht!

Heute verlässt die Hasenmutter
ihre Jungen zum ersten Mal.
Dämmerung liegt über dem Land.
In der Ferne bellt ein Hund.
Die Häsin lauscht aufmerksam
und schnuppert in den Wind.
Kein Feind in der Nähe!
Die Luft ist rein.
Die Häsin will zum Gemüsegarten.
Da gibt es Kohl und Karotten.
Dorthin läuft sie nur im Dunkeln,
denn das Land,
so weit sie laufen kann,
gehört dem größten Feind
der Feldhasen.

Einmal ist sie ihm schon begegnet.
Er thront auf einem Riesending,
das lauter brummt
als ein Schwarm Hornissen,
und es ist stärker als der stärkste
Stier.
Die Erde bebt,
wenn das Riesending darüber rollt.

Um diesen Feind macht die Häsin
immer einen weiten Bogen.

Im Bauernhaus sind die Lichter
ausgegangen.
Nun kann sich die Hasenmutter
in Ruhe satt essen.

Nur die Grillen zirpen

Kein Hund ist vor dem Haus.
Kein Fuchs ist in der Nähe,
kein Dachs und auch kein Marder.
Der Mond ist aufgegangen.

Die Hasenkinder in der Sasse*
schlafen noch.
Ein Igel trippelt den Weg entlang.
Neugierig guckt eine Haselmaus
auf das Feldhasennest herab.
Ob es hier Nüsse zum Nagen gibt?

*Sasse nennt man die Erdmulde des Feldhasen.

Ein Schatten, der Angst macht

Die Hasenmutter hoppelt zur Wiese
zurück.
Satt und zufrieden drückt sie sich
in eine Erdmulde.
Sie ruht nur für ein paar Minuten
mit offenen Augen.
So schlafen die Feldhasen.

Im Mondschein sieht sie einen
Schatten.
Flügel schlagend kommt er näher,
lautlos und furchterregend.

Ihr Todfeind!
Lautlos kommt er nachts

aus den Wäldern geflogen
und schlägt erbarmungslos
mit scharfen Krallen zu.

Die Häsin schmiegt sich ganz flach
in die Mulde und wird eins
mit der braunen Erde.
Ihr Herz klopft wild vor Angst.

Schon ist der Schatten über ihr.
Gleich wird er sie packen!

Nein, diesmal hat die Eule schon
eine andere Beute in den Fängen.
Lautlos fliegt sie weiter.

Langsam beruhigt sich die Häsin.
Für heute Nacht ist die Gefahr vorüber.
Was für ein Glück für die Hasenmutter
und auch für ihre Kleinen.

Die Hasenkinder sind in Gefahr!

Die Häsin bleibt viele Stunden lang
weg.
Trotzdem ist sie eine gute Mutter.
Sie ist nur selten bei den Kleinen,
damit sie ihren Geruch nicht
annehmen.

Die Hasenmutter kommt zurück
zum Haselnussstrauch.
Ihre Zitzen sind dick und voller Milch.
Sie drücken schon und schmerzen.

In der Sasse wird sie schon
sehnsüchtig erwartet.

Die Hasenkinder wollen nur das eine:
trinken bei Mama.

Kaum ist die Hasenmutter da,
drängeln die Kleinen
und nuckeln und schmatzen.
Danach kuscheln sie sich
satt und schläfrig aneinander.

Jetzt fühlt sich die Häsin wieder
leicht und frei und hoppelt aus der
Sasse
in den neuen Tag.

Sie knabbert an Gänseblümchen,
zupft am süßen Klee
und mümmelt nach Hasenart.
Müde geworden,
legt sie sich in eine Erdmulde
und schläft für wenige Minuten.

Mit einem Mal wird sie unruhig.
Sie schnuppert.
Es riecht nach Fuchs.
Das bedeutet höchste Gefahr
für ihre Hasenkinder!
Der Fuchs kann sie zwar nicht wittern,
aber entdecken könnte er sie trotzdem.

Wer ist schneller?!

Eines der Häschen ist aufgewacht.
Es ist schrecklich neugierig.
Ohne Furcht wagt es ein paar
Schritte
hervor aus dem Haselstrauch.
Ein Vogel singt
und die Luft riecht nach Abenteuern.

Die Hasenmutter beobachtet den
Ausflug.
Sie lauscht und schnuppert.
Ist der Fuchs schon in der Nähe?

Das Hasenkind ist mächtig aufgeregt.
Es riecht ja zum ersten Mal
den Duft der Wiese.

Jetzt tappt auch das zweite
Hasenkind
unter dem Strauch hervor
und dann das dritte.

Da! Der Fuchsgeruch kommt näher.
Die Häsin ist angespannt.
Ins Nest zurück locken
kann sie ihre Kleinen nicht.
Aber sie muss schnell etwas tun,
sonst sind sie verloren!

Die Hasenmutter legt sich flach nieder.
Die Löffel hat sie hochgestellt.
Ihre Nase ist ständig in Bewegung.
Jeder Muskel ist angespannt.
Ganz gleich, woher der Fuchs kommt,
sie wird ihn sehen.
Selbst dann, wenn er sich
von hinten anschleicht.

Schnüffelnd kommt der Fuchs näher.
Er will unbedingt Beute machen.
Seine Füchsin hat auch Junge.

Die Hasenmutter muss ihn ablenken.
Der Fuchs darf ihre Kleinen
nicht bemerken.

Unbeweglich liegt sie in der Erdmulde,
nur ihr Herz klopft zum Zerspringen.

Da kommt der Fuchs!
Die Häsin macht einen hohen
Sprung,
dann läuft sie davon.
Der Fuchs rennt hinter ihr her.
Die Häsin lockt ihn immer weiter
weg
von den Hasenkindern.

Der Fuchs will die Häsin fangen.
Schon ist er knapp hinter ihr.
Gleich wird er sie packen!
Doch die Hasenmutter rettet sich
mit einer Hasenlist.

Sie schlägt einen Haken,
noch einen und noch einen.
Der Fuchs ist verwirrt.
Wohin ist seine Beute geflüchtet?
Eine Weile jagt er ihr noch nach.
Beim dritten Haken verliert er
die Spur und gibt auf.

Die beiden Hasenkinder
haben davon nichts bemerkt.
Aufgeregt tappen sie weiter in die
Wiese. Sie raufen miteinander.
Sie probieren ihre Kräfte aus.
Doch bald schon kehren sie müde
in ihr Nest zurück.

Wie ein Häufchen Erde

Beim nächsten Ausflug entfernen sich
die Hasenkinder noch weiter
von ihrem sicheren Versteck.
Hoch am Himmel zieht ein Raubvogel
seine Kreise.
Mit seinen Habichtsaugen
erspäht er jede Maus.
Die braunen Hasenjungen kann er
zum Glück nicht entdecken.
Klein und rund und braun
liegen sie in der Wiese –
wie drei Häufchen Erde.

Treffen mit der Hasenmutter

Die Hasenkinder probieren
Schlagen und Boxen mit den
Vorderpfoten.
Sie üben Treten und Kratzen
mit den Hinterbeinen.
Sie kugeln und sie balgen sich.
Hoppeln gelingt ihnen schon ein wenig,
auch Hüpfen und Laufen.
Das alles ist noch Spiel.

Neugierig schnuppern sie
auf der Wiese an Blättern und Blüten.
Sie kosten von den Gräsern
und Kräutern.

Werden sie müde, liegen sie still
und schlafen für kurze Zeit.

Wenn es dämmrig wird,
suchen sie nach der Mutter.
Die Häsin trifft sich mit jedem Kind
an einem anderen Platz.
Sie lässt es trinken,
aber ihr Fell darf es nicht berühren.
So schützt sie die wehrlosen Kleinen.

Jeden Abend trinken die Hasenkinder
nahrhafte Hasenmilch bei der Mutter.
Sie wachsen schnell.

Ihre Hinterbeine sind schon kräftiger,
die Löffel sind länger geworden,
das Fell ist nicht mehr so weich
und an ihrem Hinterteil zeigt sich
schon die Blume.*

Nach fünf Wochen gibt es eine
große Enttäuschung für die Jungen.
Sie dürfen nicht mehr an die Mutter
heran.
Will eines bei ihr trinken,
wird es mit Tritten vertrieben.
Das heißt: Du bist jetzt alt genug.
Such dir dein eigenes Revier!

*So nennt der Jäger den Stummelschwanz.

Die jungen Feldhasen üben,
wie man kratzt und boxt
und Tritte austeilt.
Sie üben, wie man den Feind
herankommen lässt,
blitzschnell davonläuft
und Haken schlägt nach alter
Hasenlist.

Aus Nahkampf wird Spiel

Früh morgens läuft die Häsin zum Feld.
Was sie jetzt wittert, ist nicht der Bauer.
Es ist auch nicht der Fuchs.
Es ist ein Hasenmann, der sie
erobern will.
Die Häsin kratzt und boxt
und teilt schmerzhafte Tritte aus.
Ein zweiter Hase springt
hinter einer Hecke hervor.

Den einen Rammler* kann sie
vertreiben.
Der andere will nicht aufgeben.

*Rammler heißt das Feldhasen-Männchen.

Aus Nahkampf wird Spiel.
Weglaufen, einholen,
kratzen, treten, boxen,
das geht so lange, bis die Häsin
bereit ist.

Die Häsin und der Hase
werden ein Paar
mit zwischendurch Beschnuppern
und Fell- an Fellkuscheln.
Bis die Häsin eines Tages unruhig
wird.
In ihrem Bauch wachsen
drei winzige Feldhasenbabys.

Die Häsin sucht sich
eine versteckte Sasse
und polstert sie sorgsam aus
mit Moos und mit Laub.
Zuletzt rupft sie sich Fellhaare
vom Bauch,
einen ganzen Berg.

So werden es ihre Kinder dann
behaglich weich und mollig warm
haben.

Zweiundvierzig Tage später
liegen in der Erdmulde
drei gesunde Feldhasenkinder ...

Steckbrief

Der Feldhase gehört zu den echten Hasen. Er ist kein Nagetier. Er ist nicht mit dem Kaninchen verwandt.

Körperlänge: 50 – 70 cm

Farbe: Er ist erdfarben und rostbraun und hat eine weiße Bauchseite.

Besondere Merkmale: lange Ohren (Löffel), große Augen an den Seiten, zwei paar Schneidezähne, kräftige Hinterbeine und ein Stummelschwanz (Blume).

Eigenschaft: Er lebt als scheuer Einzelgänger.

Nahrung: Der Feldhase frisst nur Pflanzen. Er mümmelt.

Nachwuchs: Die Häsin bringt in einer Erdmulde (Sasse) zwei bis fünf Junge zur Welt. Sie haben gleich ein Fell und können sehen.
Die Hasenjungen wachsen im Bauch der Mutter heran.
Nach 42 Tagen werden sie geboren.
Die Häsin kann 3 – 4mal im Jahr Junge bekommen.
Die Hasenkinder sind sehr empfindlich bei Nässe und Kälte.

Lebensweise: Der Feldhase ist ein Fluchttier und ein schneller Läufer. Über kurze Strecken kann er bis zu 70 km/h zurücklegen. Er kann Haken schlagen. Anfangs drückt er sich in eine Sasse und bleibt regungslos liegen. Er verlässt sich auf seine Tarnung. Kommt der Feind näher, prescht er los und läuft davon.

Alter: Wenn dem Feldhasen nichts zustößt, kann er 12 Jahre alt werden.

Feinde und Gefahren: Das sind Fuchs, Dachs, Luchs, Wölfe, Marder, Wildkatzen, wildernde Hunde, Raubvögel, Krähen.

Auch Menschen, die ihn jagen,
und die, die Mähmaschinen und
Erntemaschinen verwenden.
Viele Feldhasen werden auf der
Straße von Autos überfahren.

Verwandte: der Alpenschneehase

Merkmale: lange Ohren (Löffel), dichtes erdbraunes Fell, Stummelschwanz (Blume), kräftige Hinterbeine zum Laufen und Springen, Vorderpfoten zum Trommeln und Boxen, Tasthaare, gespaltene Oberlippe

Kleines Feldhasen-Quiz:

Wie heißen die Hasenohren
in der Jägersprache?

- [ ] a) Muscheln
- [ ] b) Gabeln
- [ ] c) Löffel

Wie viele Junge kann eine Häsin
im Jahr bekommen?

- [ ] a) ein bis zwei
- [ ] b) zwei bis fünf
- [ ] c) acht bis zehn

Was frisst der Feldhase?

☐ a) Pflanzen
☐ b) Schnecken
☐ c) Insekten

Wie lange schlafen Feldhasen?

☐ a) eine Stunde
☐ b) immer nur ein paar Minuten
☐ c) die ganze Nacht

Wie schützt die Hasenmutter ihre Jungen?

☐ a) sie bleibt dicht bei ihnen
☐ b) sie deckt sie mit Blättern zu
☐ c) sie kuschelt nicht mit ihnen

Hast Du das gewusst?

Der Hase gilt in Afrika
als besonders kluges Tier,
weil er sich gut verstecken
und tarnen kann,
und weil er sehr schnell laufen kann
und deshalb seinen Feinden oft
entwischt, indem er Haken schlägt
und sie damit verwirrt.

Er hat die Augen auf der Seite,
deshalb kann er auch nach hinten
sehen.

In der Fabel heißt der Feldhase
„Meister Lampe".

DIE AUTORIN
Christine Rettl,

in Wien geboren, absolvierte die Ausbildung zur Kindergärtnerin und ist seit 1989 freischaffende Autorin. Seitdem entstanden über 100 Bücher für Kinder von 2 bis 12 Jahren, Lyrik, Lied- und Musicaltexte und zahlreiche Übersetzungen.

Sie wurde mehrfach ausgezeichnet und lebt mit ihrem Mann, dem Illustrator Winfried Opgenoorth in einem kleinen romantischen Atelier in Wien.

DER ILLUSTRATOR
Franz Hoffmann,

geboren 1958 in Jois (Bgld.), ist als Grafiker Autodidakt. Seit 1989 illustriert er Kinderbücher, Schulbücher und Bildgeschichten. Er lebt in Wien und im Burgenland. Im Obelisk Verlag sind zahlreiche Bücher mit Hoffmann-Illustrationen erschienen.